Manèges merveilleux

Marie Turcotte
Rédactrice en chef

Laura Jones
Auteure

**National Library of Canada Cataloguing in
Publication Data**

Jones, Laura
    Manèges merveilleux

(Tout ados. Niveau 1)
ISBN 0-7715-3777-8

1. French language – Textbooks for second language learners –
English speakers. I. Turcotte, Marie. II. Title. III. Series.

PC2129.E5M34 2001   448.2'421   C2001-901600-X

Auteure et chargée de projet : Laura Jones
Équipe de la rédaction : Caroline Kloss, Art Coulbeck,
Trina Lecompte, Sandra Manley, Anne Normand, Claire Piché,
Carolyn Pisani
**Directrice du marketing et conseillère pédagogique
nationale :** Julie Rutledge
Révision linguistique : Rita Van Landeghem
Production : Bev Crann, Loretta Mah

Direction artistique, conception graphique :
Pronk&Associates
Couverture : (à gauche) Roy Goms/Masterfile, (à droite)
Adam Woolfit/CORBIS/MAGMA
Illustrations : p. 2-3, 6-7, 8, 10-11, 12, 14-15, 16-17, 18, 20-21,
22 Steve Attoe; p. 4 Scot Ritchie
Photographie : p. 5 les images sont gracieusement fournies
par Nigloland, p. 9, 13, 19, 22, 23, 24, 25 Ray Boudreau
Production sonore : Hara Productions

Nous reconnaissons l'aide financière du gouvernement du
Canada par l'entremise du Programme d'aide au
développement de l'industrie de l'édition pour nos activités
d'édition.

ISBN 0-7715-**3777**-8
1 2 3 4 5 MP 05 04 03 02 01
Écrit, imprimé et relié au Canada

Manèges merveilleux

Dans cette unité, tu vas créer un parc d'attractions. Tu vas choisir un thème et un nom pour ton parc. Puis, tu vas inventer des manèges, suggérer des souvenirs pour le parc et dessiner un plan de ton parc. Tu vas créer une publicité pour l'ouverture de ton parc.

Communication orale

Tu vas…

- parler de tes manèges préférés dans un parc d'attractions;
- décrire trois manèges dans ton parc;
- demander comment aller d'un endroit à l'autre dans un parc d'attractions;
- jouer le rôle d'un ou d'une guide dans un parc d'attractions;
- présenter ton parc d'attractions imaginaire.

Lecture

Tu vas…

- lire les aventures de quelques amis dans trois parcs d'attractions;
- lire un article au sujet d'un parc d'attractions en France.

Écriture

Tu vas…

- décrire trois manèges dans ton parc;
- décrire quelques souvenirs que les visiteurs peuvent acheter dans ton parc;
- créer un plan de ton parc;
- créer une publicité pour l'ouverture de ton parc d'attractions.

- Est-ce que tu aimes visiter les parcs d'attractions? Est-ce qu'il y a des parcs d'attractions dans ta ville ou près de chez toi?

- Qu'est-ce qu'on va voir et faire dans un parc d'attractions? Fais l'activité aux pages 4 et 5 de ton cahier.

- Quels sont les éléments d'un parc d'attractions? Pour t'aider, regarde les illustrations.

Une visite au

Olivier : Voilà le Cobra! Je veux essayer ce manège!

Guy : Pas moi! J'ai peur des montagnes russes.

Danielle : Moi, j'aime les montagnes russes! Je vais aller avec toi!

Guy : D'accord. Montez dans le Cobra. Moi, je vais trouver les autos tamponneuses.

• • •

Guy : Les autos tamponneuses dans ce parc sont sensass! Quel manège est-ce que nous voulons essayer maintenant?

Olivier : Allons sur la Grande Roue. J'aime ce manège.

• • •

Parc Lamuse!

Dani : Voilà le kiosque de souvenirs. Je veux acheter un souvenir.

Olivier : Je veux bien acheter cette affiche.

Dani : Je préfère ces animaux en peluche. J'aime cette petite souris. Elle est adorable!

Olivier : Les filles! Moi, je préfère ce gros serpent.

Guy : Hé, vous deux! Regardez ces t-shirts. Je veux acheter ce t-shirt avec la photo des montagnes russes. Excusez-moi, mademoiselle. Combien coûte ce t-shirt?

Olivier : Et cet animal en peluche?

• • •

Dani : Ah! Voici la maison hantée. Je veux entrer dans cette maison.

Olivier : Ah non! Ce n'est pas amusant!

Guy : Je vais entrer dans la maison avec toi, Dani. J'aime le gros chat qui saute sur les visiteurs à l'entrée…

Dani : Cool! Qu'est-ce que tu vas faire pendant notre visite, Olivier?

Olivier : Je vais acheter un hamburger et des frites. J'ai faim. Salut!

Stratégies

Quand tu lis…

Regarde :
- le titre!
- les photos!
- les mots connus!
- les mots-amis!
- les lettres majuscules!
- la ponctuation!

Vérifie dans le lexique ou dans un dictionnaire!

A Identifie les idées principales à la page 6 de ton cahier.

B À deux, regardez les manèges dans l'illustration. Imaginez que vous visitez ce parc. Quels manèges allez-vous essayer?

EXEMPLE : Moi, je veux essayer la Grande Roue.

C À deux, discutez de ce que vous aimez acheter comme souvenirs. Préférez-vous des animaux en peluche? Des t-shirts? Des cartes postales? Des casquettes de baseball?

3

Étude de la langue

Les adjectifs démonstratifs

Combien coûte **ce** t-shirt?

Et **cet** animal en peluche?

J'aime **cette** petite souris.

Je préfère **ces** animaux en peluche.

- Quels mots est-ce qu'on utilise pour indiquer un objet ou une personne spécifique?

- Combien de formes y a-t-il au masculin singulier? Peux-tu expliquer pourquoi?

- Quelle est la forme de l'adjectif au féminin singulier?

A. Remplace les mots en italique par un adjectif démonstratif (*ce*, *cet*, *cette*, *ces*).

1. J'aime *le* manège!

2. *Les* stylos et *les* crayons ne coûtent pas cher.

3. Olivier veut choisir *l'*animal en peluche.

4. Je vais acheter *la* carte postale.

5. *L'*homme explique comment trouver le kiosque d'information.

B. En petits groupes, faites une liste d'objets que vous voyez autour de vous. N'oubliez pas d'utiliser les adjectifs (*ce* pupitre, *ce* crayon). Vous avez deux minutes. Puis demandez à autre groupe de composer des phrases en utilisant les objets de votre liste.

EXEMPLE : L'équipe 1 dit : Ce crayon.

L'équipe 2 dit : Ce crayon est jaune.

C. En petits groupes, regardez les objets dans l'illustration aux pages 2 et 3 de votre livre. Composez des phrases en utilisant *ce*, *cet*, *cette*, *ces*. Par exemple, *Je veux acheter ce chat en peluche. Mon ami aime ces t-shirts.* Partagez vos phrases avec un autre groupe.

ATTENTION! Pour plus d'informations, va à la page 26.

Viens explorer NIGLOLAND

Sais-tu qu'on peut visiter un coin du Canada en France? C'est dans le *Canadian Village* de Nigloland, un parc d'attractions en Champagne, une région de la France.

Ces petits animaux, les hérissons, invitent les gens à explorer leur parc d'attractions qui s'appelle Nigloland. À Nigloland, tu peux visiter le *Village merveilleux* où tu peux essayer plusieurs manèges sensationnels. Aimes-tu la musique rock des années 50? Alors, tu peux visiter le *Rock 'n' Roll Quartier*, où tu peux admirer des vedettes de rock et des voitures classiques. Aimes-tu les spectacles aquatiques? Tu peux observer les plongeurs du *Florida Show*.

Mais si tu veux voir les grands espaces du Canada, viens visiter le *Canadian Village*. Dans ce quartier du parc, tu vas explorer une mine canadienne. Tu vas monter à bord d'un petit train. Puis, à toute vitesse, tu vas entrer dans un tunnel obscur. Tu vas rencontrer des obstacles terrifiants. Enfin, après toutes ces émotions, tu vas sortir d'une grande montagne.

Il y a beaucoup d'autres attractions merveilleuses dans le *Canadian Village*, comme les *Caravelles de Jacques Cartier* ou le *Galion pirate*. Si tu préfères, tu peux explorer les espaces verts du Canada. Tu peux visiter un campement amérindien à cheval. Et enfin, tu peux entrer dans le *Général Store*, une boutique charmante où tu peux acheter des souvenirs typiquement canadiens.

En route !

- Beaucoup de parcs d'attractions ont des thèmes spéciaux. En voici quelques exemples. Peux-tu trouver le nom du parc qui correspond au thème?

Les thèmes	Les parcs
Mickey Mouse	African Lion Safari
les dinosaures	MarineLand
les dauphins et les belugas	Paramount Canada's Wonderland
les lions et les girafes	Jurassic Park
Fred Flintstone et Scooby-Doo	Walt Disney World

Les amis entrent dans une petite maison hantée. Mais dans la maison, ils trouvent une femme, un petit train et trois tunnels. Ce n'est pas une maison hantée. La femme dit bonjour aux jeunes.

aux recherches de marketing

Stratégies

Quand tu écoutes...

Fais attention :

- au ton de la voix!
- aux mots connus!
- aux mots-amis!

Pense à tes expériences personnelles!

LA VALLÉE des ROIS

AVENTURE AMAZONIENNE

7

A Identifie les idées principales à la page 9 de ton cahier.

B Écoute la conversation des trois amis. Ils trouvent un site Web sur les parcs d'attractions autour du monde. Fais l'activité à la page 10 de ton cahier.

C À deux, demandez à un ou à une partenaire quels parcs de la liste à la page 12 du cahier il ou elle veut visiter. Pouvez-vous expliquer pourquoi?

Au boulot !

Tu vas maintenant commencer à planifier ton parc d'attractions pour la tâche finale. Tu vas utiliser le graphique à la page 13 de ton cahier pour organiser ton parc. Tu vas choisir les éléments de ton parc : le thème de ton parc, et les types de manèges et de souvenirs.

Si tu veux, tu peux ajouter d'autres éléments à ton parc d'attractions, par exemple, des kiosques de casse-croûte, des spectacles, des jeux de hasard et une mascotte.

Utilise les notes dans ton graphique pour écrire un paragraphe qui décrit les éléments de ton parc d'attractions. Explique pourquoi tu as choisi le thème de ton parc imaginaire.

Stratégies

Quand tu planifies un travail...

N'oublie pas de :

- préparer un plan!
- organiser tes idées!
- choisir le vocabulaire approprié!
- déterminer si les noms sont masculins ou féminins!
- changer des éléments de ton plan si c'est nécessaire!
- vérifier dans le lexique ou dans un dictionnaire!

■ Qu'est-ce que vous allez voir dans un parc d'attractions basé sur l'Égypte antique? En groupes, regardez cette illustration. Identifiez toutes les choses et les personnes qui sont égyptiennes. Quel groupe d'élèves peut trouver le plus grand nombre? (Indice : regardez les noms des manèges.)

Aventure dans la Vallée des Rois!

Le guide : Bienvenue à la Vallée des Rois, mes amis! Est-ce que vous vous intéressez à l'Égypte antique?

Olivier : Oui! Et je m'intéresse aux pyramides et au pharaon Toutankhamon.

Le guide : Bon! Vous allez vous amuser beaucoup dans ce parc! Il y a beaucoup d'attractions et de manèges amusants! Venez avec moi. Nous allons explorer le parc. Tournez à droite ici. Voilà le Sphinx.

Guy : Sensass! Ce manège ressemble aux montagnes russes du Parc Lamuse!

Le guide : Oui, tu as raison. Ce sont des montagnes russes. Tournez à gauche, et vous allez trouver le Voyage sur le Nil. C'est une course d'obstacles sur l'eau.

Dani : Quels sont les obstacles?

Le guide : Il y a des léopards, des hippopotames, des crocodiles, des serpents…

Dani : Yeech!

Le guide : Vous pouvez aussi trouver le trésor du pharaon.

Guy : Un trésor! Où?

Le guide : Voyez-vous cette structure tout droit devant nous? C'est la tombe du pharaon Toutankhamon. La tombe ressemble à une maison hantée. Il y a beaucoup de corridors et de tunnels à l'intérieur.

Guy : Comme dans un labyrinthe?

Le guide : Oui, exactement. Le trésor du pharaon Toutankhamon est caché dans la tombe. Si on trouve la salle du trésor…

Guy : On est riche!

Le guide : *(il rit)* Pas exactement, mon gars! On gagne un prix! *(Tout à coup, une momie s'approche des jeunes. Les jeunes sont surpris.)*

Le guide : Faites attention à la momie!

Dani : Qui est cet homme? Est-ce une vraie momie?

Le guide : Ah non ma petite fille! On n'est pas dans un parc d'horreurs! C'est un guide du parc.

Guy : Quelles sortes de souvenirs est-ce qu'on peut acheter dans ce parc?

Le guide : Des chats et des hippopotames en peluche, des figurines de momie, des trousses de crayons en forme de pharaon, de petites pyramides…

Guy : Génial!

Olivier : Maintenant qu'en penses-tu, Guy? Veux-tu retourner au Parc Lamuse?

A Fais l'activité de compréhension et réponds aux questions à la page 14 de ton cahier.

B Écoute une description de la route à la salle du trésor dans la tombe du pharaon. Trace cette route à la page 15 de ton cahier.

C Crée un manège basé sur le thème de l'Égypte antique pour la Vallée des Rois. Donne un nom à ton manège et décris-le. À quelle attraction est-ce que ton manège ressemble : au carrousel, à la maison hantée ou aux autos tamponneuses? Puis décris ton manège à un ou à une partenaire. Si tu veux, dessine ton manège.

D À deux, pensez à un prix que les visiteurs vont gagner s'ils trouvent la salle du trésor dans la tombe. Comparez votre prix au prix d'un autre groupe.

E Imagine que tu es Guy. Veux-tu retourner au Parc Lamuse ou veux-tu rester dans la Vallée des Rois? Peux-tu justifier ta réponse?

Étude de la langue

La préposition à

Je m'intéresse **aux** pyramides et **au** pharaon!

Est-ce que vous vous intéressez **à l'**Égypte antique?

Ce manège ressemble **à la** tombe de Toutankhamon.

- Quels mots est-ce que *au* remplace? Et *aux*?
- Pourquoi est-ce que la préposition *à* ne change pas dans la deuxième et la troisième phrase?

En petits groupes, imaginez que vous voyagez en bateau dans le manège Voyage sur le Nil. Il y a beaucoup d'obstacles dans le fleuve. Regardez les avertissements qui annoncent ces obstacles. Qu'est-ce que vous allez dire pour annoncer les obstacles suivants? Regarde l'illustration.

1. le lion
2. les léopards
3. la momie
4. l'arbre
5. les serpents
6. l'hippopotame

ATTENTION! Pour plus d'informations, va à la page 26.

Au boulot !

Maintenant, commence à créer ton parc d'attractions. D'abord, invente trois manèges pour ton parc. Ces manèges doivent être basés sur le thème de ton parc.

Réfère-toi au graphique à la page 13 de ton cahier pour décrire tes manèges. Écris les informations suivantes dans un paragraphe :

- le nom de chaque manège;

- le type de chaque manège (montagnes russes, carrousel, petit train, labyrinthe, glissade, etc.);

- des avertissements, si nécessaire, pour les passagers dans les manèges.

Si tu veux, dessine tes manèges.

Deuxièmement, pense aux souvenirs pour ton parc. Si c'est possible, tes souvenirs doivent être basés sur le thème de ton parc.

Réfère-toi au graphique à la page 13 de ton cahier pour décrire tes souvenirs. Écris les informations suivantes dans un paragraphe :

- le genre de souvenirs (animaux en peluche, t-shirts, cartes postales, tasses de café, montres, bracelets, casquettes de baseball, affiches, etc.);

- le prix de chaque souvenir.

Si tu veux, dessine tes souvenirs.

Stratégies

Quand tu écris…

Organise ton travail!

Utilise :

- des ressources!

- un modèle!

Fais :

- ton brouillon!

- tes corrections!

- ta copie finale!

Vérifie dans le lexique ou dans un dictionnaire!

LA FORÊT MYSTÉRIEUSE

En route !

- Peux-tu nommer les animaux et les personnes que tu vois dans cette illustration?

- Écoute la princesse décrire le parc d'attractions aux amis. Qu'est-ce que les amis vont voir dans ce parc? Fais l'activité à la page 18 de ton cahier.

Le guide : Bonjour! Vous entrez dans la Forêt mystérieuse. Attention! Il y a beaucoup de dangers qui vous attendent dans cette forêt magique.

Guy : Par exemple… ?

Le guide : Il y a un géant qui habite dans une caverne, un château dangereux, le méchant Chevalier rouge et ses archers. Le plus grand danger, c'est le dragon. Mais il y a aussi de bonnes gens qui vont vous aider, comme la princesse dans la tour et le Chevalier bleu. Qui va commencer? Toi, mon gars?

Guy : D'accord, je vais commencer.

Le guide : Bon! Tu es courageux! Vas-y! Dani et Olivier vont rester ici avec moi.

Dani : Guy ne voit pas les archers! Fais attention aux archers, Guy! Tourne à droite! Aïe! Il tombe!

Le guide : Voilà la princesse. Elle va donner un bouclier à Guy. Il peut se protéger des flèches avec ce bouclier.

Olivier : Il entre dans la caverne du géant! Pourquoi? Guy, es-tu fou?

Le guide : Si ton ami va vite, il va dépasser le géant. Le géant est dangereux, mais il n'est pas rapide. Bon! Guy sort de la caverne!

Olivier : Qui est cet homme en rouge?

Le guide : C'est le Chevalier rouge. Il est méchant.

Dani : Tourne à gauche, Guy! Vite! Le Chevalier rouge t'attend!

Olivier : Il tourne à gauche et il passe le Chevalier rouge. Maintenant il entre dans le château.

Dani : Olivier! Vois-tu les soldats dans le château? Ils lancent quelque chose! C'est une balle de feu! Attention à la balle de feu, Guy!

Olivier : Il court! Il sort du château! Ouf! Mais voici le dragon!

Dani : Quel monstre! Tourne à droite, Guy!

Olivier : Ah non! Le dragon est trop rapide. Tourne à gauche, Guy! Qu'est-ce qu'il va faire?

Le guide : Calmez-vous, mes amis! Voilà le Chevalier bleu. C'est un bon chevalier. Il va aider votre ami!

Olivier : Le Chevalier bleu attaque le dragon!

Dani : Comme il est courageux, ce chevalier! Le dragon ne fait pas attention à Guy! Vite, vite! Passe le dragon, Guy!

Le guide : C'est fini! Ton ami sort de la forêt. Bravo, Guy!

A Écoute la route de Dani dans la Forêt mystérieuse. Trace sa route à la page 19 de ton cahier.

B Imagine que tu es dans la Forêt mystérieuse. C'est à ton tour de traverser la forêt. Trace ta route à la page 19 de ton cahier. Puis décris ta route à un ou à une partenaire.

Stratégies

Voici des expressions utiles :

- Pardon, monsieur/madame…
- Pouvez-vous me dire comment aller à…
- S'il vous plaît.
- Merci!
- De rien.
- Tourne à droite/à gauche.
- Continue tout droit.
- Tu arrives au kiosque…
- Quand tu sors du château, tourne…

16

Étude de la langue

Sortir

1. Je sors de la caverne.

2. Elle sort de la forêt.

3. Vous sortez du château.

4. Ils sortent du parc d'attractions.

▪ Quel mot est-ce qu'on utilise après le verbe *sortir*?

▪ Quels deux mots est-ce que *du* remplace? Et *des*?

▪ Pourquoi est-ce que la préposition *de* ne change pas dans les phrases 1 et 2?

A. Remplace les mots en italique par la bonne forme de *sortir de*.

1. Vous *entrez dans* le parc.

2. J'*entre dans* la forêt.

3. Elle *entre dans* le tunnel.

4. Les élèves *entrent dans* l'école.

5. Guy *entre dans* la caverne.

ATTENTION! Pour plus d'informations, va à la page 26.

B. À deux, regardez l'illustration. Chacun ou chacune compose des phrases en utilisant l'expression *sortir de*.

Au boulot !

Maintenant, dessine le plan de ton parc d'attractions. Ajoute tes trois manèges sur le plan. Tu peux aussi ajouter à ton plan :

- des kiosques de souvenirs;

- des toilettes;

- des kiosques de casse-croûte;

- un kiosque d'information;

- d'autres manèges;

- des avertissements pour les passagers dans les manèges;

- d'autres attractions (un cinéma à écran géant, un théâtre où on donne des concerts, un aquarium, des jeux de hasard, une piscine, etc.).

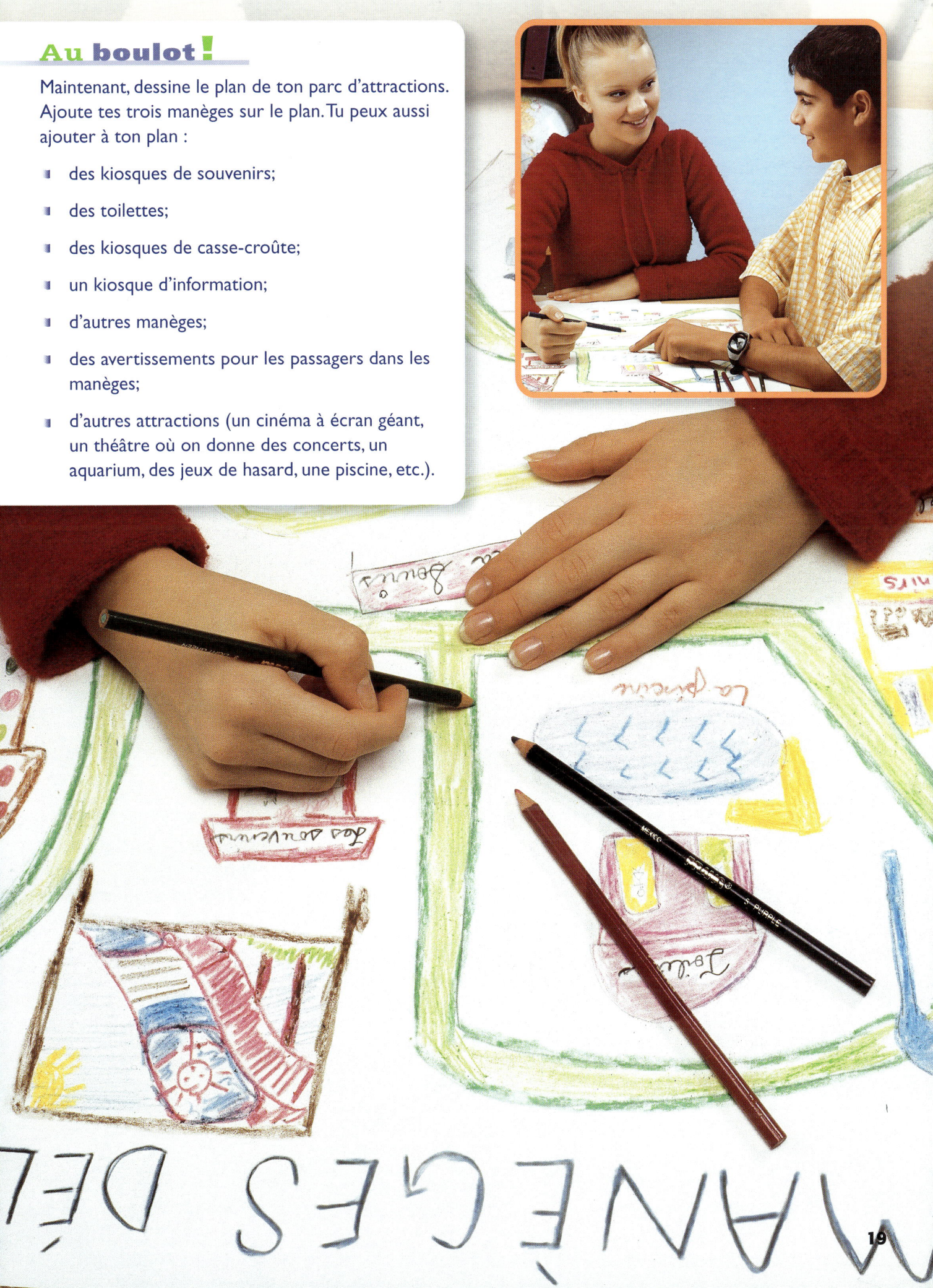

En route !

- Écoute la guide décrire ce parc d'attractions aux amis. Qu'est-ce que les amis vont voir dans ce parc? Fais l'activité à la page 21 de ton cahier.

Un piranha saute dans le bateau!

La Tarentule

Le bateau s'approche du serpent. Faites attention au serpent!

Dani ne veut pas aller dans la Tarentule.

Les Perroquets

Les casse-croûte

Olivier aime bien le Boa constricteur.

Le Boa constricteur

L'ATTAQUE DES PIRANHAS

Oh là là! Guy tombe dans le fleuve!

Les souvenirs tropicaux

SORTIE

Le bateau sort de la forêt tropicale.

La Hutte des singes

Olivier sort de la Hutte des singes.

A Écoute les aventures des amis dans le parc Aventure amazonienne et fais l'activité aux pages 22 à 24 de ton cahier.

B À deux, décrivez les aventures des amis ou d'autres visiteurs à un ou à une partenaire. Vous pouvez utiliser les petites descriptions écrites sur le plan mais vous devez aussi parler de trois aventures qui ne sont pas mentionnées sur ce plan. Pour vous aider, regardez les illustrations.

Au boulot !

À deux, imaginez que vous êtes guides dans un de ces parcs : le Parc Lamuse, la Vallée des Rois, le parc des Chevaliers et Dragons, et l'Aventure amazonienne. Décrivez les manèges et les attractions dans ce parc à votre partenaire. Il ou elle va jouer le rôle d'un visiteur ou d'une visiteuse. Puis, changez de rôles.

Si vous voulez, décrivez d'autres éléments : les souvenirs, les casse-croûte…

Mon parc d'attractions

Maintenant tu vas présenter ton parc d'attractions à la classe. Pour t'aider, regarde les stratégies de présentation à la page 24. Quelles aides visuelles peux-tu utiliser dans ta présentation?

Aides visuelles :
- les illustrations de tes manèges;
- les illustrations de tes souvenirs;
- le plan de ton parc.

Pour te préparer à présenter ton parc, crée une publicité pour l'ouverture de ton parc. Ta publicité doit inclure :
- le nom et le thème de ton parc;
- une description des manèges;
- une description des souvenirs.

Relis les éléments écrits. Demande à ton ou à ta partenaire de lire ces éléments. Est-ce que ton ou ta partenaire comprend les descriptions? Veux-tu changer ou ajouter quelque chose?

Remets la version écrite de ton parc d'attractions à ton ou à ta prof.

Carrie présente son

Écoute Carrie présenter son parc d'attractions à la classe.

Stratégies

Quand tu fais une présentation…

Regarde tes camarades de classe!

Parle :

- fort!
- clairement!
- de façon expressive!

Change le ton de ta voix!

Ne parle pas trop vite!

Ajoute des actions et des gestes!

Utilise des aides visuelles!

MANÈGES DÉL

Étude de la langue

Les adjectifs démonstratifs

Ces mots indiquent une personne ou un objet spécifique.

N'oublie pas que tu dois faire l'accord de l'adjectif avec le nom.

Masculin singulier	Féminin singulier	Pluriel
ce manège	**cette** attraction	**ces** manèges
		ces attractions
*__cet__ animal		**ces** animaux
*__cet__ hippopotame		**ces** hippopotames

*Devant un nom masculin qui commence par une voyelle ou un *h* muet, on utilise *cet* au lieu de *ce*.

La préposition à

Faites attention **au** crocodile!   Fais attention **à l'**hippopotame!*

Fais attention **aux** piranhas!   Faites attention **à la** momie!*

à + le = **au**

à + les = **aux**

* **à l'** et **à la** ne changent pas

Le verbe sortir

Le verbe *sortir* est le contraire du verbe *entrer*. Après le verbe *sortir*, on utilise la préposition *de*.

Exemple : Dani entre dans la tombe. Oh, la voilà! Elle **sort de la** tombe.

je **sors**	nous **sortons**
tu **sors**	vous **sortez**
il **sort**	ils **sortent**
elle **sort**	elles **sortent**

À la forme négative : Elle **ne sort pas** de la tombe.

Les stratégies

Quand tu lis...

Regarde :
- le titre!
- les photos!
- les mots connus!
- les mots-amis!
- les lettres majuscules!
- la ponctuation!

Vérifie dans le lexique ou dans un dictionnaire!

Quand tu écoutes...

Fais attention :
- au ton de la voix!
- aux mots connus!
- aux mots-amis!

Pense à tes expériences personnelles!

Quand tu planifies un travail...

N'oublie pas de :
- préparer un plan!
- organiser tes idées!
- choisir le vocabulaire approprié!
- déterminer si les noms sont masculins ou féminins!
- changer des éléments de ton plan si c'est nécessaire!
- vérifier dans le lexique ou dans un dictionnaire!

Quand tu écris...

Organise ton travail!

Utilise :
- des ressources!
- un modèle!

Fais :
- ton brouillon!
- tes corrections!
- ta copie finale!

Vérifie dans le lexique ou dans un dictionnaire!

Quand tu fais une présentation...

Regarde tes camarades de classe!

Parle :
- fort!
- clairement!
- de façon expressive!

Change le ton de ta voix!
Ne parle pas trop vite!
Ajoute des actions et des gestes!
Utilise des aides visuelles!

Quand tu participes à une activité de groupe...

Parle :
- français!
- à voix basse!

Suis les directives de ton prof!
Écoute les idées de tes copains!
Aide et encourage tes copains!
Concentre ton attention sur la tâche!
Finis ton travail à temps!

Lexique

Abréviations

n.m.	nom masculin	*pron.*	pronom
n.f.	nom féminin	*adv.*	adverbe
n.m.pl.	nom masculin pluriel	*prép.*	préposition
n.f.pl.	nom féminin pluriel	*v.*	verbe
adj.	adjectif	*expr.*	expression

A

à bord de *expr.* on board of

acheter *v.* to buy

aider *v.* to help

s'amuser *v.* to have fun

un **animal en peluche** *n.m.* stuffed toy animal

antique *adj.* ancient

s'approcher de *v.* to approach

un **archer** *n.m.* archer

attaquer *v.* to attack

attendre *v.* to wait for

les **autos tamponneuses** *n.f.pl.* bumper cars

un **avertissement** *n.m.* warning

B

une **balle de feu** *n.f.* fireball

un **bateau** *n.m.* boat

un **billet** *n.m.* ticket; **billet d'entrée** admission ticket

un **bouclier** *n.m.* shield

un **bracelet** *n.m.* bracelet

C

caché, cachée *adj.* hidden

se calmer *v.* to stay calm

un **campement** *n.m.* campground

une **caravelle** *n.f.* small, fast sailing ship

un **carrousel** *n.m.* carousel

une **casquette** *n.f.* cap

un **casse-croûte** *n.m.* snack; **un kiosque de casse-croûte** snackbar

une **chaîne** *n.f.* chain

un **château** *n.m.* castle

chercher *v.* to look for

un **cheval** *n.m.* horse; **chevaux** *n.m.pl.* horses

un **chevalier** *n.m.* knight

construire *v.* to build, construct

courir *v.* to run

coûter *v.* to cost

D

un **dauphin** *n.m.* dolphin

demander des directions *v.* to ask for directions

dépasser *v.* to pass by

devant *prép.* in front of

un **dinosaure** *n.m.* dinosaur

la **droite** *n.f.* right; **à droite** *expr.* to the right

E

un **écran** *n.m.* screen; **écran géant** giant screen

enchanté, enchantée *adj.* enchanted

une **entrée** *n.f.* entrance

un **espace** *n.m.* space

essayer *v.* to try

F

la **faim** *n.f.* hunger; **avoir faim** *expr.* to be hungry

une **flèche** *n.f.* arrow

un **fleuve** *n.m.* river

une **forêt** *n.f.* forest; **forêt tropicale** rain forest

fou, folle *adj.* crazy

G

gagner *v.* to win

un **galion** *n.m.* galleon, large sailing ship

la **gauche** *n.f.* left; **à gauche** *expr.* to the left

un **géant** *n.m.* giant

génial! *expr.* great!

une **glissade** *n.f.* water slide, ride

gratuit, gratuite *adj.* free of charge

H

hanté, hantée *adj.* haunted

un **hérisson** *n.m.* hedgehog

un **hippopotame** *n.m.* hippopotamus

une **hutte** *n.f.* hut

I

s'intéresser à *v.* to be interested in

J

un **jeu** *n.m.* game; **jeu de hasard** game of chance

K

un **kiosque** *n.m.* kiosk, booth

L

lancer *v.* to throw

un **léopard** *n.m.* leopard

M

un **manège** *n.m.* amusement-park ride

une **mascotte** *n.f.* mascot

mécanique *adj.* mechanical

méchant, méchante *adj.* bad, evil

une **momie** *n.f.* mummy

un **monstre** *n.m.* monster

une **montagne** *n.f.* mountain; **montagne russe** *n.f.* roller coaster

monter *v.* to get on (a ride, train, horse)

une **montre** *n.f.* wristwatch

O

obscur, **obscure** *adj.* dark

une **ouverture** *n.f.* opening

P

un **parc d'attractions** *n.m.* amusement park, theme park

participer à *v.* to participate in

passer *v.* to pass by

un **perroquet** *n.m.* parrot

la **peur** *n.f.* fear; **avoir peur de** *expr.* to be afraid of

un **pharaon** *n.m.* pharaoh

une **piscine** *n.f.* pool

un **plan** *n.m.* map

planifier *v.* to plan, organize

un **plongeur** *n.m.* diver

préféré, **préférée** *adj.* favourite

un **prix** *n.m.* prize

se protéger de to protect oneself from

une **publicité** *n.f.* advertisement

R

rapide *adj.* fast, quick

les **recherches** *n.f.pl.* research

rencontrer *v.* to meet

ressembler à *v.* to resemble, look like

rire *v.* to laugh

un **roi** *n.m.* king

une **roue** *n.f.* wheel; **une grande roue** Ferris wheel

S

sauter sur *v.* to jump on

sensass! *expr.* fantastic!

un **serpent** *n.m.* snake

un **singe** *n.m.* monkey

un **soldat** *n.m.* soldier

sortir de *v.* to leave, exit; to escape

une **souris** *n.f.* mouse

un **spectacle** *n.m.* show, performance

T

tamponneur, **tamponneuse** *adj.* bumper; **autos tamponneuses** *n.f.pl.* bumper cars

une **tarentule** *n.f.* tarantula spider

le **tir à l'arc** *n.m.* archery

une **tombe** *n.f.* tomb

tomber *v.* to fall

une **tournée** *n.f.* tournament

tourner *v.* to turn

tout droit de *expr.* straight ahead of

un **trésor** *n.m.* treasure

une **trousse** *n.f.* kit, case; **une trousse de crayons** pencil case

V

une **vallée** *n.f.* valley

une **vedette** *n.f.* star, celebrity

une **vitesse** *n.f.* speed; **à toute vitesse** *expr.* at top speed

voyager *v.* to travel

vrai, **vraie** *adj.* real